pixi WISSEN

Autos

Einfach gut erklärt von Monika Wittmann,
mit Bildern von Sebastian Coenen

CARLSEN

Was ist ein Auto?

Auf unseren Straßen sind viele verschiedene Autos unterwegs. Sie alle werden von einem **Motor** angetrieben, haben mehr als **zwei Räder** und fahren **ohne Schienen**. Das Wort „Auto" ist eine Abkürzung von **Automobil**. „Auto" kommt aus dem Griechischen und bedeutet „selbst", „mobilis" ist lateinisch und heißt „beweglich". Ein Auto ist also ein Fahrzeug, das sich selbst bewegt.

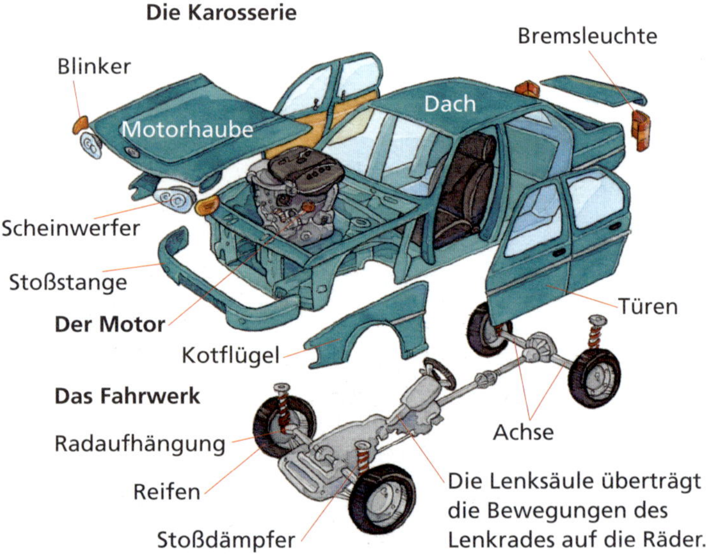

Teil für Teil ...

Moderne Autos können nicht nur fahren. In gefährlichen Situationen geben sie Warnsignale ab, sie wischen Scheiben, regeln die Temperatur und vieles mehr. Ein Auto besteht aus bis zu 20 000 Teilen, die zu verschiedenen **Baugruppen** gehören. Die wichtigsten sind der **Motor**, das **Fahrwerk**, die **Karosserie**, der **Antrieb**, die **Innenausstattung**, zu der das Cockpit gehört, und die **Elektronik** (z. B. die Beleuchtung).

Das Cockpit

Der Tachometer, kurz Tacho, zeigt an, wie schnell der Wagen fährt.

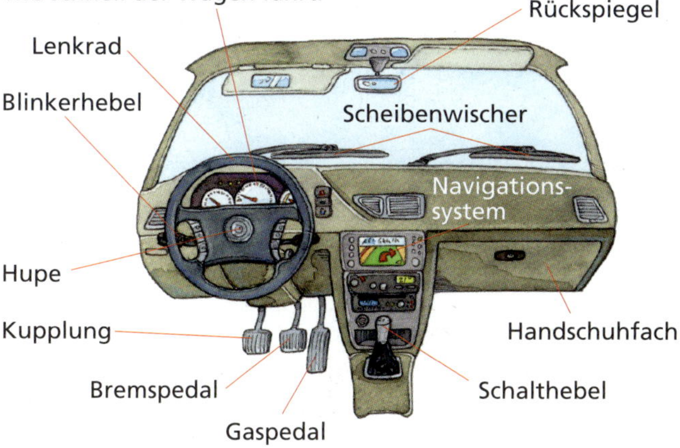

Die **ersten fahrbaren Maschinen** wurden ähnlich wie eine Dampflok von heißem Wasserdampf angetrieben.

Eine bahnbrechende Erfindung

Vor 300 Jahren legte eine **Postkutsche** 100 Kilometer in etwa 4 bis 5 Tagen zurück. Um das Reisen zu erleichtern, tüftelten Erfinder an selbstfahrenden Maschinen. Der Deutsche **Nicolaus August Otto** entwickelte vor 150 Jahren einen **Motor**, der **Benzin** verbrannte und so Bewegungskraft erzeugte. **Carl Benz**, ein deutscher Ingenieur, baute einen ähnlichen **Viertaktmotor** in eine Kutsche ein – und das erste Benzinauto war unterwegs. Heute gibt es auf der Welt über 750 Millionen Autos, fast zehnmal so viele wie Menschen in Deutschland. Und für 100 Kilometer brauchen wir nur noch etwa eine Stunde.

Unabhängig voneinander bauten **Carl Benz** und **Gottlieb Daimler** 1886 die ersten Autos mit Benzinmotor. Beiden gelang es, den Motor so zu verkleinern, dass er in einem Fahrzeug verwendet werden konnte.

Straßenlokomotive **„Puffing Devil"** („Paffender Teufel") von Richard Trevithick, Baujahr 1801, Spitze: 8 km/h

Gefährliche Lokomobile

Die ersten Autos waren gefährlich: Wenn sich der Dampf zu sehr ausdehnte, konnten sie explodieren. Vor 150 Jahren gab es in England **Dampfbusse**. Ein Mann mit einer roten Fahne warnte die Menschen auf der Straße.

Die **Motorkutsche** von Gottlieb Daimler (Baujahr 1886) fuhr kaum schneller als ein trabendes Pferd – aber sie wurde nicht müde.

Patent-Motorwagen Nummer 1 von Carl Benz, Baujahr 1886, Spitze: 16 km/h

Warum fährt ein Auto?

Das Herz eines Autos ist der **Motor**. Er verbrennt **Kraftstoffe** wie Benzin. Dabei kommt es zu vielen kleinen **Explosionen**. Die Kraft der Explosionen bewegt die **Kolben**. **Zahnräder** und **Wellen** übertragen die Bewegung auf die **Radachse**.

1. Im **Motorblock** liegen die **Zylinder** und die **Kurbelwelle**.
2. Der **Kühler** sorgt dafür, dass der Motor nicht zu heiß wird.
3. Die **Batterie** liefert den Strom, mit dem die **Zündkerze** den Funken erzeugt.
4. Der **Luftfilter** reinigt die Luft, die in den Motor strömt.
5. Das **Getriebe** leitet die Kraft des Motors weiter.
6. Die **Antriebswelle** überträgt die Drehbewegung vom Getriebe auf die Räder.
7. **Scheibenbremse**
8. **Auspuff**

Der Funke springt über

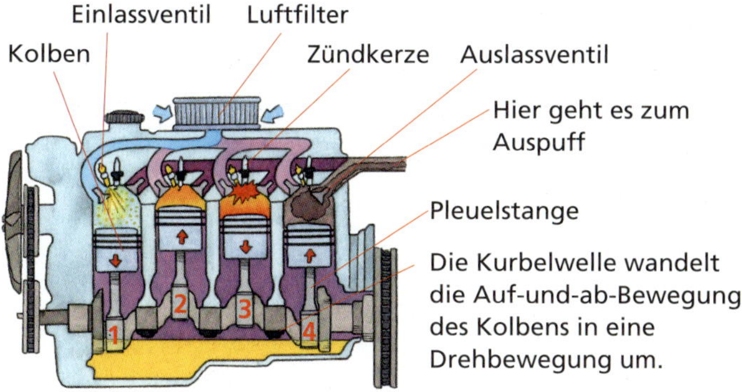

Ansaugen: Im **Zylinder** wird eine Mischung aus Benzin und Luft angesaugt.

Verdichten: Der **Kolben** bewegt sich nach oben. Das Gemisch wird zusammengepresst.

Verbrennen: Die **Zündkerze** erzeugt einen Funken. Das Gemisch explodiert und drückt den Kolben wieder nach unten.

Ausstoßen: Die **Abgase** werden ausgestoßen, neues Luft-Treibstoff-Gemisch strömt nach.

Dieser Vorgang wiederholt sich im Motor jede Minute mehrere Tausend Mal.

Neue Modelle

Seit der Erfindung des Motorwagens zerbrechen sich Menschen den Kopf darüber, wie Autos besser, billiger und bequemer werden. Besonders wichtig ist die **Sicherheit** und dass Autos die **Umwelt** schonen. Neue Modelle sollen darum weniger Treibstoff verbrauchen und weniger Schadstoffe ausstoßen. Außerdem sollen sie leicht zu fahren sein, damit weniger **Unfälle** passieren.

Audi RSQ

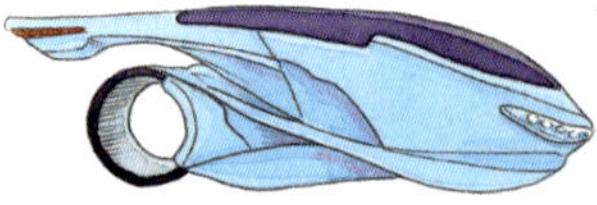

Peugeot 609

Toyota HI CT

Durch den Bau von **Konzeptfahrzeugen** testen die Auto-Hersteller neue Ideen. Die meisten werden dann aber nie für den Verkauf produziert.

MoVille

Sintesi Concept Car

Von der Idee zum Gittermodell

Tausende von Menschen arbeiten zusammen, um ein neues **Automodell** zu entwickeln. Kunden werden gefragt, welche Verbesserungen sie sich wünschen. **Zeichner** bringen Ideen der **Entwickler** und **Ingenieure** zu Papier. Nach diesen Entwürfen basteln **Designer** ein kleines Modell aus Knete. Ein Computer rechnet die Maße des neuen Autos in Bildpunkte um und zeigt das Modell als **3-D-Gitternetz**.

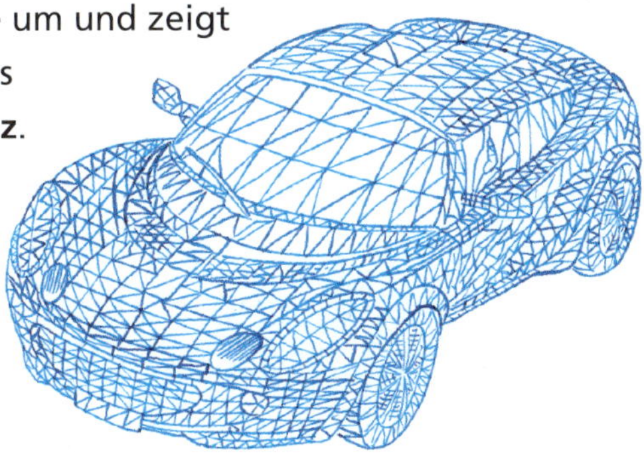

Vielleicht wird aus dem Gittermodell mal ein echtes Auto.

Heiße Tests

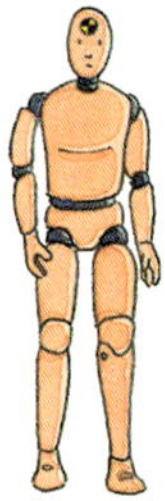

Jedes Automodell wird sorgfältig getestet. **Crashtests** zeigen, wie hoch die Gefahr für die Insassen ist, sich bei einem Unfall zu verletzen.

In dem Testfahrzeug sitzen Puppen. Sie heißen **Dummys** (ausgesprochen „Dammies“).

Autobauer halten ihre neuen Entwicklungen und Ideen lange geheim, damit sich die alten Modelle noch verkaufen. Deshalb werden **Prototypen**, also die Vorläufer der zukünftigen Modelle, auf einsamen Wüstenstrecken getestet. Oder Testfahrer fahren die mit Blech und Klebestreifen verkleideten Modelle in der Nacht.

Ein gut getarntes Testauto nennt man **Erlkönig**.

Aufs Dach gefallen

Ein Mercedes der A-Klasse kippte beim **Elchtest** um. Bei dem Test wird geprüft, ob ein schnell fahrender Wagen sicher die Spur wechseln kann. Die Autofirma baute daraufhin in alle Fahrzeuge ein **Elektronisches Stabilitätsprogramm** (ESP) als Schleuderschutz ein.

Mercedes-Benz A 160,
genannt „A-Klasse",
Erstbaujahr 1997,
182 km/h Spitze

Schon gewusst?

Der Elchtest, bei dem ein Auto mit hoher Geschwindigkeit zweimal die Spur wechseln muss, heißt so, weil …

a) er die Führerscheinprüfung für Elche ist.
b) er aus Schweden stammt, wo oft Elche auf die Fahrbahn laufen.
c) Elche die Testautos steuern.

Lösung: b)

Renner vom Band

Die ersten handgearbeiteten Motorkutschen kosteten ein Vermögen. Heute werden Autos in Serie hergestellt, das bedeutet, dass sie in großen Mengen am **Fließband** gefertigt werden. Viele der Arbeiten erledigen **Maschinen**: Sie stanzen Bleche aus oder tauchen Karosseriestücke in ein Farbbad, Roboterarme schrauben Teile zusammen. Dadurch sind die Kosten viel niedriger.

Produktionsstraße

Opel 4/12 PS (Spitzname „Laubfrosch“), Erstbaujahr 1924, 60 km/h Spitze. Vor über 85 Jahren rollte der kleine Wagen als erstes deutsches Serienauto vom Fließband.

Porsche Panamera, Erstbaujahr 2009, 303 km/h Spitze (Panamera Turbo). Der Panamera wird im Porschewerk Leipzig, einer der modernsten Autofabriken der Welt, gebaut.

Schon gewusst?

Wie nennen Autobauer den Moment, in dem die Karosserie mit Fahrgestell und Motor verbunden wird?

a) Zufall
b) Unfall
c) Hochzeit

Lösung: c)

Autos, die Geschichte machten

Rolls Royce Silver Ghost, Erstbaujahr 1906 in England, 80 km/h Spitze. Das Luxusauto fuhr damals 20 000 Kilometer ohne Panne.

Ford T („Tin Lizzy“, übersetzt „Blechliesel“), Erstbaujahr 1908 in den USA, 72 km/h Spitze. Der erste Wagen, der am Fließband hergestellt wurde.

Auto-Union-Rennwagen Typ A („Silberpfeil“), Erstbaujahr 1934 in Deutschland, 280 km/h Spitze. Den Rennwagen entwickelte der Automobilkonstrukteur Ferdinand Porsche.

Volkswagen „Käfer“, gebaut von 1938 bis 2003. Hier: Modell Standard, Erstbaujahr 1946 in Deutschland, 105 km/h Spitze. Über 65 Jahre wurde der langlebige Käfer produziert.

Citroën 2 CV („Ente"), Erstbaujahr 1948 in Frankreich, 70 km/h Spitze. Die einen liebten die Ente, die anderen verspotteten sie.

Trabant 500 („Trabi"), Erstbaujahr 1957, 90 km/h Spitze. Die meistgefahrene Automarke der DDR.

Range Rover Classic, Erstbaujahr 1970 in England, 153 km/h Spitze. Der Range Rover war das erste Geländeauto, das gut auf und abseits der Straße fahren konnte.

Prototyp **Thrust Supersonic Car**, Baujahr 1997, 1228 km/h Spitze. Schneller als der Schall raste dieses Düsenfahrzeug durch die Wüste von Nevada, USA. Heute steht es im Museum.

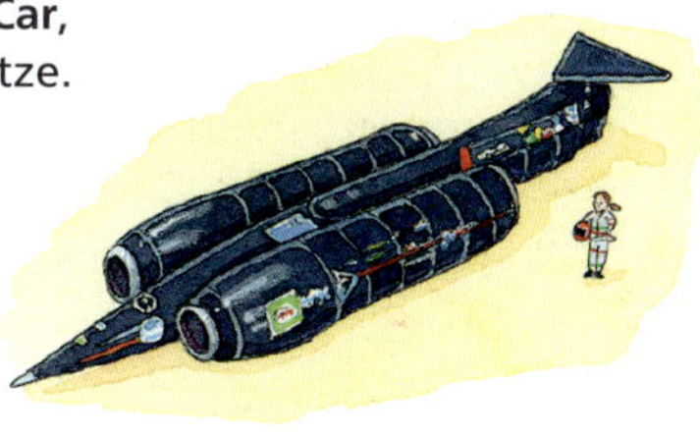

VW Golf, Herstellungszeitraum seit 1974. Hier: Golf VI GTI, Erstbaujahr 2009, 240 km/h Spitze. Der Golf ist das meistgekaufte Auto Europas.

Führerschein

Schnall dich im Auto immer an.

Mensch und Auto

Autos bringen Menschen meist schnell ans Ziel. Doch bei einem **Unfall** kann es Verletzte und sogar Tote geben. Deshalb gelten für alle **Verkehrsregeln,** auch für Radfahrer und Fußgänger. Wer ein Auto fahren will, braucht einen **Führerschein**. Fahrer und Mitfahrer müssen **angeschnallt** sein – Gurte können Leben retten.

Berufe rund um das Auto

Nicht nur **Autoingenieure** und **Autohändler** arbeiten mit Autos – allein in einer Autofabrik gibt es rund 30 Ausbildungsberufe. Außerhalb der Fabrik halten **Kfz-Mechatroniker** die Fahrzeuge in Stand und reparieren sie. **TÜV-Prüfer** und viele andere Fachleute kümmern sich darum, dass auf der Straße alles rund läuft.

Wie funktioniert ein Satellitennavi?

Um die Erde kreisen **Satelliten**. Sie senden Funksignale, die das **Navigationssystem**, kurz „Navi“, empfängt. Daraus berechnet das Navi den Standort des Autos und sucht die beste Strecke zum Ziel.

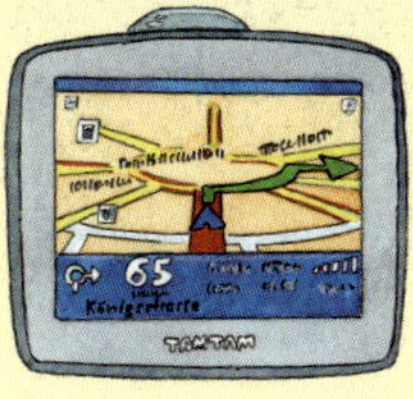

Was ist ein Schnauferl?

Zu sehr alten Autos, sogenannten **Oldtimern**, sagt man auch **Schnauferl**. Der Name kommt von dem Geräusch der ersten Automotoren. **Sammler** stecken viel Zeit und Geld in seltene, alte Fahrzeuge.

Schnauferl

Rumpler Tropfenwagen,
Erstbaujahr 1921,
95 km/h Spitze

Vor rund 100 Jahren entwickelte der Deutsche Edmund Rumpler ein Auto, das dem Fahrtwind möglichst wenig Widerstand bieten sollte. Bei modernen Autos ist die **Stromlinienförmigkeit** eine wichtige Eigenschaft. Sie wird in einer Versuchsanlage, dem **Windkanal**, getestet.

Bugatti Royale Typ 41, Erstbaujahr 1926, 200 km/h Spitze. Der 6 Meter lange Bugatti wurde nur 6-mal gebaut. Wert heute: 8 Millionen Euro

Cadillac Eldorado Biarritz, Erstbaujahr 1959, 189 km/h Spitze. Das Auto mit den höchsten und längsten Heckflossen aller Zeiten.

Der Eldorado war das Lieblingsauto von Elvis Presley.

Schon gewusst?

Wer baut Autos so um, dass sie schicker oder schneller werden?

a) Autotuner
b) Autoknacker
c) Autopiloten

Lösung: a)

Der siebenfache Weltmeister **Michael Schumacher** im **Ferrari F 2004** (Spitzname „rote Göttin"). Erstbaujahr 2004, 347 km/h Spitze

Hochtourig

Bei **Autorennen** müssen die Fahrer blitzschnell reagieren, damit ihr Wagen nicht aus der Kurve fliegt. Als Königsklasse im Rennsport gilt die **Formel 1**. Sie wird auch auf dem **Nürburgring** ausgetragen, der Rennstrecke zwischen Köln und Koblenz. Bei einer **Rallye** rasen die Fahrer über Straßen und Feldwege quer durchs Land. Die bekannteste ist die **Rallye Dakar** durch Afrika.

Bei der Formel 1 gehen die schnellsten Rennwagen an den Start.

Die 2700 Kilometer lange Pharaonen-Rallye führt quer durch die ägyptische Wüste.

Rennen und Rallyes belasten die Umwelt: Ein Formel-1-Wagen verbraucht im Schnitt 70 Liter Sprit pro 100 Kilometer – das ist rund zehnmal so viel wie ein Familienauto. Rallyes können die Landschaft zerstören und es kommt zu Unfällen. Die vielen technischen Verbesserungen an den Rennautos führten aber auch dazu, dass Autos heute weniger Treibstoff verbrauchen als früher.

Hier geht's rund!

Auf einer **Kartbahn** können Kinder mit Mini-Rennwagen einige Runden flitzen.

Das Auto der Zukunft

Wenn der Treibstoff im Motor verbrennt, entsteht **Kohlendioxid**. Das **Abgas** hält die Wärme der Sonnenstrahlen in der Lufthülle, von der die Erde umgeben ist. Dadurch wird es auf der Erde immer wärmer. Unter dem **Klimawandel** leiden Tiere und Pflanzen. Deshalb sollen Autos wenig Sprit verbrauchen und wenige Schadstoffe ausstoßen. Autobauer arbeiten daran, wie Autos durch **umweltfreundliche Energiequellen** angetrieben werden können, etwa durch das **Sonnenlicht**.

Toyota Prius, Herstellungszeitraum seit 1997
Hier: Modell ZVW 30, Erstbaujahr 2009, 180 km/h Spitze.
Hybridautos haben zwei Motoren, einen **Verbrennungsmotor** und einen **Elektromotor**. Der Elektromotor läuft mit Strom, den er aus der Reibung beim Bremsen gewinnt und in der Autobatterie speichert.

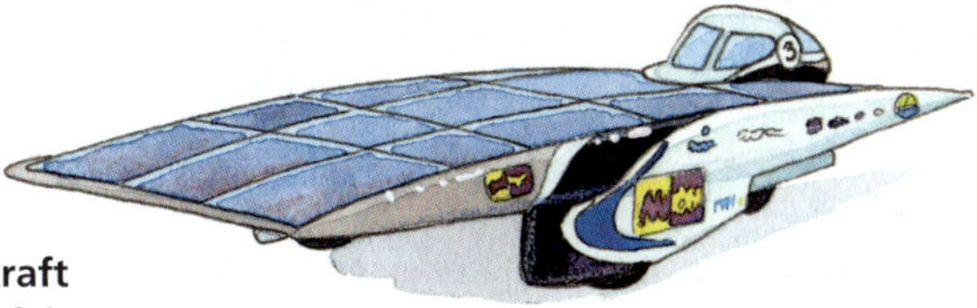

Sonnenkraft
Das Solarfahrzeug
Nuna 5 kann **Sonnenenergie** in **Strom** umwandeln.
2009 gewann es das 3000 Kilometer lange Solarrennen „World Solar Challenge" in der australischen Wüste.
Seine Durchschnittsgeschwindigkeit liegt bei 100 km/h.

Wasserstoffmotor
Prototyp **BMW H2R**, Baujahr 2004 in Deutschland, 302,4 km/h Spitze. Der H2R verbrennt in seinem Motor die Gase **Wasserstoff** und **Sauerstoff** zu Wasser.

Intelligente Autos

Um schwere Unfälle zu vermeiden, werden die Autofahrer von mehr und mehr **Technik** unterstützt.

Zum Beispiel erkennen **Kameras** Fußgänger in der Dunkelheit: Kommt der Wagen ihnen zu nahe, bremst er von alleine.

Pixi Wissen Rätselseite

1. Welches Logo gehört zu welcher Automarke?
Ergänze die Buchstaben in den Kästchen.

J		g			r

M		t	s				s	h	

F		r	r			i

M			c		d		

		e	

R			a	u	l	

T		y			

A			i

2. Der Prototyp des Wagens Terrafugia Transition kam im Jahr 2009 groß raus. Was ist so besonders an ihm? Verbinde die Zahlen.

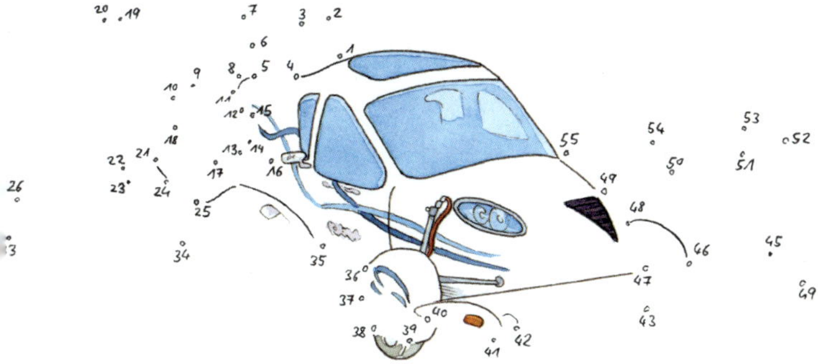

3. Da stimmt was nicht. Kreise die 6 Fehler beim rechten VW-Bus ein.

Lösungen:
1. Jaguar, Mitsubishi, Ferrari, Mercedes, Opel, Renault, Toyota, Audi
3. 2 Hörner, Scheibenwischer, Logo, Scheinwerfer, Spiegel

Pixi Wissen Lexikon

Abgas Das Gas entsteht als Abfallstoff bei der Verbrennung im Motor. Abgase enthalten meist Stoffe, die der Umwelt oder der Gesundheit schaden.

Erdöl Erdöl entstand vor Jahrmillionen aus abgestorbenen Pflanzen und Kleinstlebewesen. Die Spritarten Benzin und Diesel werden aus Erdöl hergestellt. Die Ölvorräte sind nicht mehr sehr groß.

Ingenieur Technischer Beruf. Fahrzeugingenieure entwerfen, bauen oder testen Fahrzeuge.

Kraftstoff Wenn der chemische Stoff verbrannt wird, erzeugt er eine Bewegungskraft. Andere Wörter dafür sind Treibstoff und Sprit.

Lkw (Lastkraftwagen) Lastfahrzeug im Gegensatz zum Pkw (Personenkraftwagen)

Patent Ein Patent schützt die Idee eines Erfinders vor Nachmachern. Dazu muss der Erfinder einen Antrag beim Patentamt stellen.

PS (Pferdestärke) Alte Maßeinheit für die Leistung eines Motors. Der Erfinder der Dampfmaschine, James Watt, suchte nach einem Vergleich für die Stärke seiner Maschinen. Dazu beobachtete er Pferde, die einen Mühlstein im Kreis zogen, und berechnete, wie schnell sie durchschnittlich waren. Heute wird die Motorleistung in Kilowatt (kW) gemessen. 100 PS sind rund 74 kW.

Spitze (Spitzengeschwindigkeit) Höchste Geschwindigkeit, die ein Fahrzeug erreichen kann

Stundenkilometer Maßeinheit für Geschwindigkeiten, die sagt, wie viel Kilometer pro Stunde (kurz: km/h) ein Auto zurücklegen kann, wenn es eine Stunde fährt.

TÜV (Technischer Überwachungs-Verein)

In Deutschland muss ein Auto regelmäßig zur Hauptuntersuchung. Nur wenn es technisch in Ordnung ist, darf es auf die Straße. Prüfstellen wie der TÜV untersuchen zum Beispiel, ob die Bremsen gut funktionieren.

Zulieferer Etwa jedes dritte Teil an einem Auto wird nicht in der Autofabrik hergestellt, sondern von einer anderen Firma, einem „Zulieferer“.

Pixi Wissen Quiz

1. Wo kauften die ersten Autofahrer das Benzin für ihr Fahrzeug?

a) In der Apotheke
b) An der Tankstelle natürlich, wo denn sonst?
c) Im Gemischtwarenladen

2. Was bedeutet „Schlanke Produktion"?

a) Jeder Mitarbeiter muss sich bei Dienstbeginn auf die Waage stellen.
b) Alle nicht notwendigen Arbeitsgänge werden weggelassen, um Kosten zu sparen.
c) In der Firmenkantine gibt es nur Salat.

3. Wie viel kostet es, den handgearbeiteten Prototyp eines Automodells herzustellen?

a) 99 Euro
b) So etwa 50 Cent
c) Rund 1 Million Euro

4. Ein Auto darf nicht ins Schleudern kommen. Deshalb brauchen die Reifen Bodenhaftung. Ein anderes Wort dafür ist ...

a) Gips. b) Grips. c) Grip.

5. Was wandelt die Auf-und-ab-Bewegung des Kolbens in eine Drehbewegung um?

a) Kurbelwelle
b) Dauerwelle
c) Grüne Welle

6. Was passiert beim Boxenstopp?

a) Der Rennfahrer dreht die Musik im Wagen ab.
b) Ein Rennfahrer boxt einen Konkurrenten nieder.
c) Das Rennauto wird durchgecheckt, betankt und die Reifen werden gewechselt.

7. Wie heißt das Vorläufermodell eines neuen Autos?

a) Traumtyp b) Prototyp c) Protosaurier

8. Wie viele Räder hat die Stretchlimousine, die als „längstes Auto der Welt" im Guinnessbuch der Rekorde steht?

a) 2 b) 50 c) 26

Das über 30 Meter lange selbst gebaute Super-Gefährt aus den USA ist sogar mit einem Swimmingpool mit Sprungbrett ausgerüstet.

Pixi Wissen präsentiert

Bd. 1
Pferde und Ponys
ISBN 978-3-551-24051-4

Bd. 2
Piraten
ISBN 978-3-551-24052-1

Bd. 3
Die Erde
ISBN 978-3-551-24053-8

Bd. 10
Planeten und Sterne
ISBN 978-3-551-24060-6

Bd. 11
Das Meer
ISBN 978-3-551-24061-3

Bd. 17
Tiere in Garten und Wald
ISBN 978-3-551-24067-5

Bd. 21
Dinosaurier
ISBN 978-3-551-24071-2

Bd. 23
Fußball
ISBN 978-3-551-24073-6

Bd. 24
Streiten und Vertragen
ISBN 978-3-551-24074-3

Bd. 32
Mein Fahrrad
ISBN 978-3-551-24082-8

Bd. 33
Strand und Watt
ISBN 978-3-551-24083-5

Bd. 34
Bauernhof
ISBN 978-3-551-24084-2

Bd. 35
Toleranz und Respekt
ISBN 978-3-551-24085-9

Bd. 36
Der Wald
ISBN 978-3-551-24086-6

Bd. 37
Experimente mit Wasser
ISBN 978-3-551-24087-3

Bd. 38
Experimente mit Luft
ISBN 978-3-551-24088-0

Bd. 39
Experimente mit Licht
ISBN 978-3-551-24089-7

Bd. 40
Experimente mit Energie
ISBN 978-3-551-24090-3